꽃보다 아름답게
피어나는 그리움

꽃보다 아름답게 피어나는 그리움

초판 1쇄 인쇄   2024년 09월 02일
초판 1쇄 발행   2024년 09월 20일

신고번호	제313-2010-376호
등록번호	105-91-58839
지은이	송종익
발행처	보민출판사
발행인	김국환
기획	김선희
편집	조예슬
디자인	다인디자인
주소	경기도 파주시 해올로 11, 우미린@ 상가 2동 109호
전화	070-8615-7449
사이트	www.bominbook.com
ISBN	979-11-6957-223-1 03810

- 가격은 뒤표지에 있으며, 파본은 구입하신 서점에서 교환해드립니다.
- 이 책은 저작권법에 의하여 보호를 받는 저작물이므로 무단 전재와 복사를 금합니다.

꽃보다 아름답게 피어나는 그리움

송종익 시집

약속하지도 않은 가을은 아직 아물지 않은 상처
애타는 마음 또 흔들려 왔다

추천사

　송종익 시인의 이번 시집은 봄, 여름, 가을, 겨울 사계절을 주제로 인생의 이야기가 담겼다. 전체 108편의 시에서 그가 살아온 궤적을 느끼며 그가 표현한 단상을 살펴보았다. 그간 외길을 걸어오면서 삶의 어려움도 많았으나 나름 잘 견디며 살아왔다고 자부하는 시인을 만난다. 그는 자신의 삶을 진심으로 살았으며 성실하게 살아온 것이다. 이는 자연에 순응하는 것이기도 하여 샌님 같은 표정을 읽을 수 있었다.

　또한, 시인이 그려내는 그리움은 지나간 시절에 대한 것들이 많았다. 과거의 시간과 만나면서 자신을 돌아보고 성찰하는 형태라 하겠다. 그가 표현한 세계는 정겹고 따뜻하며 안정적이고 근면 성실하였다. 이에 자신에게 위로와 박수를 보내는 시편도 여럿 보인다. 지금까지 잘 살아온 시인에게 필자도 박수를 보탠다. 시인으로 산다는 것은 자신과 사회를 생각하는 것이다. 시인에게 앞으로 남은 숙제라 하겠다. 또한, 시인으로 산다는 것은 미세한 틈을 보이면서 굶고 있는 어떤 현상을 표현하는 것이다. 이것이 철학이요, 삶이다. 시인의 맑은 영혼을 만나면서 우리 사회가 더 밝고 튼튼해질 것이라 믿는다.

2024년 9월
편집장 김선희

시인의 말

걸어온 삶의 기억 속
아쉬움과 간절함이 깨어나는 순간

일상 속 묻고 살지만
내면에 잠재해 있던 기억의 부활

표정으로 애써 가려 보지만
불현듯 홀로 서성이게 되는 고독

한 번쯤 되돌아가서
위로받고 싶은 애잔한 마음

이런 것들이 그리움 아닐까?

기억하는 모든 순간이 그리움일 수 있으리라.
내 인생의 발자취를 그리움이라는
포괄적인 이름으로 기록하니
부디 진솔한 저의 마음이라 생각하고 읽어주길 바란다.

2024년 9월
시인 송종익

목차

추천사 • 5
시인의 말 • 7

그리움 1 (추억) • 14
그리움 2 (길) • 15
그리움 3 (거울) • 16
그리움 4 (山寺의 봄) • 17
그리움 5 (바람꽃) • 18
그리움 6 (아픈 계절) • 19
그리움 7 (소식) • 20
그리움 8 (반쪽 사랑) • 21
그리움 9 (진실과 가식) • 22
그리움 10 (풀꽃) • 23
그리움 11 (백일사랑) • 24
그리움 12 (비 내리는 4월) • 25
그리움 13 (자화상) • 26
그리움 14 (나의 길) • 27
그리움 15 (별을 향해) • 28
그리움 16 (기도) • 29
그리움 17 (고운 빛) • 30
그리움 18 (찬란히 오라) • 32
그리움 19 (어느 봄날) • 33
그리움 20 (기억) • 34

그리움 21 (태양을 삼킨 그리움) • 35
그리움 22 (가을 기도) • 36
그리움 23 (잊은 듯 살아도) • 37
그리움 24 (멀리서 빛나는 별) • 38
그리움 25 (달) • 39
그리움 26 (얼굴) • 40
그리움 27 (첫 만남) • 41
그리움 28 (갈망) • 42
그리움 29 (붉은 그리움) • 43
그리움 30 (여운) • 44
그리움 31 (비련의 봄) • 45
그리움 32 (독과 약) • 46
그리움 33 (임의 그림자) • 48
그리움 34 (비바람) • 49
그리움 35 (사랑 꽃) • 50
그리움 36 (내 마음은) • 52
그리움 37 (그리운 밤) • 53
그리움 38 (동백꽃) • 54
그리움 39 (그 사람) • 55
그리움 40 (우산을 펼치며) • 56
그리움 41 (흔들리는 마음) • 57
그리움 42 (기억을 걷는 시간) • 58
그리움 43 (오솔길 벤치) • 59
그리움 44 (단풍처럼) • 60
그리움 45 (11월은) • 61
그리움 46 (겨울꽃) • 62
그리움 47 (기다림의 계절) • 63
그리움 48 (그리하리라) • 64
그리움 49 (회한) • 65
그리움 50 (지독한 사랑) • 66

그리움 51 (바람이 전하는 말) • 67
그리움 52 (천년고찰) • 68
그리움 53 (단풍이 물들 때면) • 69
그리움 54 (감성과 이성) • 70
그리움 55 (그 찻집에서) • 71
그리움 56 (그대 1) • 72
그리움 57 (그대 2) • 73
그리움 58 (봄) • 74
그리움 59 (그대가 머문 곳) • 76
그리움 60 (고별의 밤) • 77
그리움 61 (기적) • 78
그리움 62 (인연) • 79
그리움 63 (비) • 80
그리움 64 (호접란) • 81
그리움 65 (지난 발자국) • 82
그리움 66 (나의 그리움) • 83
그리움 67 (어찌하여) • 84
그리움 68 (애달픈 마음) • 85
그리움 69 (십 년이 지나도) • 86
그리움 70 (고백) • 87
그리움 71 (가을 들녘에서) • 88
그리움 72 (은행나무 숲길) • 89
그리움 73 (함박눈) • 90
그리움 74 (그리움의 무게) • 91
그리움 75 (아카시아) • 92
그리움 76 (장미) • 93
그리움 77 (유월의 햇살) • 94
그리움 78 (나이가 든다는 것) • 95
그리움 79 (침묵의 꽃 동백) • 96
그리움 80 (영혼의 강) • 97

그리움 81 (봄비) • 98
그리움 82 (어머니) • 99
그리움 83 (재봉틀) • 100
그리움 84 (마이산 탐사) • 101
그리움 85 (風磬소리) • 102
그리움 86 (달빛 아래 가을이) • 104
그리움 87 (꽃비) • 106
그리움 88 (春情) • 107
그리움 89 (눈부신 계절) • 108
그리움 90 (가을사랑) • 110
그리움 91 (상사병) • 111
그리움 92 (찻집) • 112
그리움 93 (회상) • 113
그리움 94 (내 품에 가을을) • 114
그리움 95 (바다와 산) • 116
그리움 96 (그날은) • 117
그리움 97 (봄의 길목) • 118
그리움 98 (오월의 햇살) • 119
그리움 99 (삶의 무게) • 120
그리움 100 (춘몽) • 121
그리움 101 (깊은 언약) • 122
그리움 102 (밤의 고독) • 123
그리움 103 (추락) • 124
그리움 104 (가는 세월) • 126
그리움 105 (별) • 128
그리움 106 (산 1) • 129
그리움 107 (산 2) • 130
그리움 108 (기다림) • 132

꽃보다 아름답게
피어나는 그리움

그리움 1 (추억)

옛 기억의 기다림으로
밤을 새운 그리움

이별 후에도
사랑하는 마음
변치 않았습니다

보고픈 사람
같이한 순간 떠올리면

아직도 생생히
짙어져만 가는
그리운 추억입니다

불꽃으로 타오른
가을 속 짧은 사랑은

이제 추억의 이름으로
멈추지 않을 심장에
영원히 간직합니다

참 보고 싶습니다.

그리움 2 (길)

당신은
참 예쁘네요
그날도 그랬고
돌이켜 지금도 그래요

당신은
참 곱네요
보고 있던 그때도
보고 싶은 지금도 그래요

얼마만큼 세월이 더 흐르면
당신 생각이 옅어질까?
얼마만큼 가슴이 더 아파야
마음 상처 지워질까?

당신이 그리워
무작정 걷기로 한 길
한참을 걸어서 닿은 곳도
결국 당신입니다.

그리움 3 (거울)

당신을 만나러 갈 때면
수없이 거울을 봤지요
별로 달라질 것 없는 얼굴인데

그런데 참 신기한 건
짧은 머리 빗질한다고
멋있어지는 것이 아니라

당신 만날 설렘에
얼굴이 상기 된다는 것을
알게 되었어요

가슴 설레게 하는 사람임을
당신을 보낸 뒤에야
비로소 알게 되었지요

같은 거울 앞에 서서
아무리 들여다봐도
똑같은 지금에서야.

그리움 4 (山寺의 봄)

山寺에 찾아든 봄
여린 바람에도
살랑 그리움 일어
새 꽃가지를 흔들고

볕 한 줌 바람 한 점
키 작은 여린 가지에도
애타는 내 마음같이
도톰한 꽃망울이

그해 그 계절에
멈춰버린 기억들이
연분홍 그리움 되어
모두 꽃으로 피는 걸까?

그리움 5 (바람꽃)

그 사람이
저만치서 홀로 서성이는
애틋한 바람꽃이면

나는
그대만 바라보는
서러운 눈물 꽃

찬찬히 타오른 불꽃은
폭풍우 지난 뒤
깡그리 식어버렸지만

굳이
사랑이 아니어도
좋았을 사람

아파도 좋은 게 사랑이니
애타는 그리움도
나는 행복하여라.

그리움 6 (아픈 계절)

약속하지도 않은 가을은
아직 아물지 않은 상처
애타는 마음 또 흔들러 왔다

우울한지도 모르는 가을은
사치스럽지 않게 화려한
그 사람을 너무도 닮았고

살짝 손끝만 닿아도
금방 물들어 버릴 것 같은 가을이
주르르 그리움으로 흐른다

깊어가는 가을 속 물든 사랑
그 얼룩이 얼마나 짙던지
지우려 들면 더 큰 상처로 아려오고

이루어지지 못했다고 해서
의미 없는 것은 아니기에
너에게로 가는 길 멈추지 않으련다.

그리움 7 (소식)

내가 모르는 어딘가에서
낮이면 꽃처럼 웃고
밤이면 별처럼 빛나고 있을
너를 위해 가을이 곱게 물들면

네가 모르는 어딘가에서
보이지 않는 풀잎 이슬처럼
반짝이며 기도하고 있는
나를 위해 안부라도 전해주렴

사노라면
이렇게 살아지는 것을
그저
잘 있노라는 소식 바램뿐

미완성으로 남은 사랑이
그대로 완성되어 버리고
소식은 알 길이 없으나
이번 가을은 부디 아프지 않기를.

그리움 8 (반쪽 사랑)

말없이 참고 지내며
속으로 삭여온 나날들

꽃잎 흩날려 바람인가 돌아보니
어느새 세월입니다

결국 반쪽 사랑 되었어도
아픈 사랑도 사랑이니

늘 보고 싶은 당신은
일상 속 묻고 사는 그리움 되고

꽃향기보다 더 진한
당신이 남기고 간 그리움

그리우면 그리워하기로
그립다는 건 아직 사랑한다는 것이니.

그리움 9 (진실과 가식)

내 인생의 소중한 시간들은
추억이라는 노트에 기록되어
하나씩 하나씩
마음의 책장에 배열되고

먼지가 쌓이고 색 바랜
심연의 기억들이
빼곡히 그리움 될 때
진실과 가식이 뒤엉켜 서술된다

잡으려 들면 스쳐 지나버리는
눈부신 봄날 살랑이는 바람처럼
나의 떨칠 수 없는 망상은
깜박 졸음의 달콤함일 뿐

생의 마지막까지
평행선을 달려야 할 운명이라면
진실은 나름대로 이유 있는 음모로
심중에 다시 곱게 포장되고 만다.

그리움 10 (풀꽃)

낮에 본 꽃잎이 너무 예뻐서
밤에 나가 다시 보았네

비바람 몰아쳐도
아랑곳없이 핀 꽃

낮에 깊이 새긴 꽃잎은
다시 찾은 밤도 여전히 곱지만

꽃이 아무리 예쁘게 핀들
당신만큼 예쁠까?

풀잎 이슬이 아무리 고와도
당신만큼 고울까?

기다림에 목마른 그리움은
세월 속 이름 모를 풀꽃이 되었다.

그리움 11 (백일사랑)

한여름 신선한 충격과
가을빛 곱게 물든 설렘은
당신과 나
애틋한 사랑의 시작이었고

초겨울 닥친 매서운 칼바람에
마지막 남은 잎새 흩날릴 때
당신과 나
기약 없는 사랑의 끝이었다

영원하리라는 믿음으로
다하지 못하고 남겨둔 사랑은
아픈 미련 되어 상처로 남고
이젠 숨죽인 통곡으로 남아

백일사랑의 애틋함과
백일사랑의 추억이
시리고 시린 외사랑 되어
결국 번뇌의 사약이 된다.

그리움 12 (비 내리는 4월)

연분홍 꽃 천지가
초록으로 단장을 마친
비 내리는 4월

비 내리는 날은
아무 말 하지 않아도
보고픈 사람이 스치고

봄비에 꽃잎 지듯
사랑도 피면 지고
지면 잊으리라는 다짐

안으로만 삭힌 그리움은
자줏빛 상처 되어
이제 새까맣게 익었다.

그리움 13 (자화상)

당신이 남기고 간
참 귀한 선물
염치없이 많이도 받았건만
쉴 틈 없이 새어 나온 그리움에
말라 갈라져 부스러기 가슴만 남고

힘들어도
두려워도
곁에 남는 게 사랑인데
어찌 눈길 한 번 빈틈 한 번
내보이지 않으신 당신

나이가 들수록 약해진 마음
눈물샘 마를 새 없었고
당신 없이 걸어온 삶은
그리움 범벅 되어
창을 타고 흐르네

그리움에 지쳐 잠든 새벽녘
야윈 몸과 덥수룩한 수염
찢어질 듯 세월을 절규하며
근근이 딛고 창밖을 응시하는
꿈속 백발의 노인을 보았다.

그리움 14 (나의 길)

가지 말라는 길인데도
가고 싶은 길

만나지 말자고 하면서도
보고 싶은 사람

아닌 길이라며 멈춰진 길
아파하며 바라만 보는 길

한없이 뒤돌아보며
그리워 미친 길

너를 향한 나의 길이며
내 운명이 된 길.

그리움 15 (별을 향해)

세상 모두 잠들고
고요함마저 어둠에 갇혀
그리움조차 잠이 들 때

정갈한 마음으로
홀로 외로이 새벽을 향해
두려움 떨치고 길을 간다

저 멀리 반짝이는 별을 향해

어느덧 당신은
총총한 걸음으로 내게 다가와
환한 미소로 반짝이네

나에게 당신은 별이니
나에게 당신은 꿈이니
나에게 당신은 삶의 희망이니.

그리움 16 (기도)

꽃잎이 피고 지듯
왔다가 가는 게
인연이라지만

간절히 기도하면
그리운 사람
다시 볼 수 있을까?

피우지 못한
사모의 몽우리
숙명의 길이 되고

몹쓸 세월의 바람이
휩쓸고 간 자리엔
얼룩진 연민의 상처

내일이면 날아들까?
그리운 임의 소식
하루하루 삶의 의미가 되고

내게 기도가 간절한 이유는
숨 쉬고 세상을 살 수 있는
운명의 길이기 때문이다.

그리움 17 (고운 빛)

하룻밤 꿈이었나?
고운 빛으로 온 당신

뽀얀 미소 머금고
햇살 찬란한 그날에

당신이 먼저 웃고
내가 따라 웃었다

마음 한편
간직한 고운 빛이여!

한 움큼의 온기조차
내어주지 않는 빛이여!

회색 하늘에 먼지가 일며
차디찬 가을바람 스친 날

내가 먼저 울고
당신이 따라 울었다

이제 다가서려 하면
망설이지 마소서

제발 두려움 갖지 마소서
나의 고운 빛이여!

그리움 18 (찬란히 오라)

가을이 소리 없는
뜨거운 불길로 찾아와
오색빛깔로 곱게 타오른
찬란한 우리 영혼의 향연

잠시 손끝 닿았을 뿐인데
만추에 물든 멍울이
쉬이 삭여지지 않는
넋 잃은 그리움으로 남고

짧은 인연의 끝으로 떠난
철없고 서툰 사랑과
시리고 아픈 마음도
고운 빛깔로 물들었다가

아주 먼 훗날이라도
어느 눈부신 가을날
당신은 더욱 찬란하게
꼭 다시 나에게 오라.

그리움 19 (어느 봄날)

지독하게 사랑했고
미치도록 그리워하노라

너에게 갈 준비 끝마쳤을 때
넌 이미 먼 길 떠난 후였고
마음을 굳게 걸어 잠근 채
눈길 한 번 보이질 않으시네

내 곁을 스친 바람이
혹여 네게 닿게 되면
귀 한 번 기울여 보렴
애잔한 내 마음 실어 보내니

짙어가는 그리움만큼
봄도 한껏 익었구나
내 곁에 네가 없으니
더욱 온통 너뿐인 것을

지독하게 사랑했으니
미치도록 그리워하노라.

그리움 20 (기억)

겨울이 오고
찬 바람 분다고 해서

꽃이 피고
그 꽃잎 진다고 해서

짙푸른 숲 사이
햇볕이 아무리 따갑다 해서

곱게 물든 노을
낙엽 따라 가을이 저문다 해서

다시금 하얀 백지 그대로
다시 겨울을 맞이한다고 해서

언제나 그때 그대와의 기억
난 잠시도 잊은 적 없다.

그리움 21 (태양을 삼킨 그리움)

여름 태양이 빛을 더하고
초록 풀빛이 한층 짙어가는 계절
일상 속 빼꼼한 틈이라도 주어지면
어느새 그리움이 키를 넘어 자랐고

성큼 다가선 가을 앞에
하늘하늘 바람 따라 움직이는
참새귀리 씨알이 제법 영글 무렵
까맣게 말라비틀어져 간 상념들

여린 가을바람에
살랑거리며 다가온 회색 그리움
생채기에 아파 울던 기억 지우면
비집고라도 평온이 찾아들까?

짧은 해 뉘엿뉘엿 저물 때
순박한 초식동물 배 불리듯
가슴 가득 그리움을 안고
가녀린 그대를 기다리고 기다린다.

그리움 22 (가을 기도)

다시 내게 주어진 가을은
국화 향 가득 취하도록
사랑할 수 있게 하소서

발갛게 상기된 능금처럼
달콤함을 느낄 수 있도록
사랑할 수 있게 하소서

살 끝 와닿는 바람마저
감미로운 행복일 수 있도록
다시 사랑할 수 있게 하소서

함께 손잡고 거닐던 숲길
그 은행잎이 노랗게 물들면
가슴 깊이 사랑도 물들게 하소서.

그리움 23 (잊은 듯 살아도)

잊은 듯 버린 듯 살아도
자꾸만 찌른다

시간이 세월 되어
이젠 무뎌진 줄 알았는데
풀어헤친 그대와의 추억이
콕콕 비수처럼 날아와
자꾸만 가슴을 찌른다

버린 듯 잊은 듯 살아도
자꾸만 찾는다

구름처럼 강물처럼 흘러서
잊은 줄 버린 줄 알았는데
같이한 길 마주한 곳
불치의 지독한 몽유병같이
자꾸만 발길이 그곳을 찾는다.

그리움 24 (멀리서 빛나는 별)

애초부터 그대는
빛나는 별이었으니
보이지 않는 곳에서도 빛나리라

처음 그대를 보았을 때
가슴 먹먹한 눈부신 별이었으니
아직도 어디선가 아름답게 빛나리라

그대는 우연히 찾아왔지만
그 우연은 그저 스친 바람일 뿐
쓰라린 상처만 운명처럼 남기고

섬뜩섬뜩 우울한 계절에
연민의 날갯짓으로
가슴 가득 그리움만 채우니

되돌릴 수 없이 먼 길을 돌아
소리 없는 기다림의 메아리가
서녘 검붉은 노을로 저물 때도

아직도
그대는 아직도
멀리서 빛나는 별이리라.

그리움 25 (달)

퇴근길
유난히 크고 밝은 달

한참을 달려도
계속 그 자리 둥근달

내가 보고 있는 저 달을
그대도 혹여 보고 있다면

그대가 지금 보는 그 달
내가 함께하고 있으니

달빛 가득
그리움이 내리는 밤

이대로 밤새 달빛 따라
그대가 머문 그곳으로.

그리움 26 (얼굴)

숨소리마저 적막을 깨치는
아직 가시지 않은 어둠
자욱한 안개 새벽길을 뚫고
먼 길을 또 달렸다

싸하게 위장을 감싸는
모닝커피 한 잔으로
아직 돌아오지 못한
영혼을 깨우고

무엇을 위함인지
어떤 바램인지도 모른 채
미완성 인생길의 하루를
또 이렇게 열면

모니터 속의 일과를 챙기며
문득 떠오르는 얼굴
일정에 따라 움직이면서
종일 그리운 얼굴을 그릴 것이다.

그리움 27 (첫 만남)

별빛 쏟아지던
한여름 밤
전하고 싶었던
너의 외로움

땅거미 내릴 무렵
두근대던 상념으로
살그미 손잡고 싶었던
나의 기다림

초승달 눈 미소 머금고
비로소 마주 앉은 그날이
그대로 천 년이래도 좋았을
난생처음 느껴본 설렘.

그리움 28 (갈망)

구름처럼 머물다
바람처럼 떠난 사람
이별이 할퀴고 간 자리는
선홍빛 상처만 남고

잊은 듯 살아도
갑자기 내려앉은 어둠과
불현듯 떠오른 추억에
송두리째 뺏기고 만 가슴

사랑할 수 있었던
고마움이 너무 커
지난 기억 모두가
소중하게 다가오는 밤

헤매어 찾아도
안개꽃같이 곱던 당신은
삶이 버거운 탓일까?
소식조차 알 길이 없네요.

그리움 29 (붉은 그리움)

가을 낙엽 따라
먼 길 가신 그대

황량한 계절
눈보라 휘몰아쳐
같이한 발자취
흔적 없이
사라졌어도

불현듯 봄기운에
다시금 움튼 사랑

연록의 새순들이
녹음으로 우거질 때
청순의 수줍은 미소
긴 머리 가녀린 그대 생각에
사무친 나의 붉은 그리움.

그리움 30 (여운)

한밤 빗소리 무성하여
얕은 잠 밀치고
바람이 창에 전하는 말에
귀 기울이다가
콩닥이는 가슴으로
희뿌연 새벽을 맞는다

붉게 물든 마지막 잎새
떨구어질 때
이별의 조급함을
잠시도 미루지 못하고
회색 바람같이
황급히 가버린 사랑

작별 인사도 나누지 못한 채
숨 쉬는 세월만큼 남겨진 여운
어찌 그리 야속했을까?
이제 아득하여
꿈속에서라도 만나고픈
그리운 사람아!

그리움 31 (비련의 봄)

볼을 스치는 바람이
한 번쯤
임의 머릿결이었으면

햇살 좋은 봄날
탐스럽게 핀 꽃송이가
하얀 임의 얼굴이었으면

새록새록 꿈속에서라도
고운 임의 손
한 번 잡아 보았으면

서툰 사랑에도
칭찬을 아끼지 않던
짙은 임의 미소 떠난 후

세상이 온통 꽃밭이어도
가슴에 피지 않으니
아직 한 번도 맞지 못한 봄

그대와 손잡고
봄 꽃길 한 번 못 걷고
비련의 추억만 남았네.

그리움 32 (독과 약)

그대 향에 취해서
술을 마실 때는
사랑하고 있었고
또한 사랑받을 때였으며

허무한 가슴 위로하듯
스며드는 한 잔 술이
쓰게만 느껴지는 것은
이별의 탓이리라

사랑이라는 것이
인연에 따라
약이 되기도
독이 되기도 하니

그대와의 사랑은
그즈음 약이었으나
지금은 쓰디쓴
독으로 남았지만

기다림의 아픔이
비록 독이라 해도

다시 닿을 인연을 믿으며
기쁘게 한 잔 독을 마신다.

그리움 33 (임의 그림자)

아카시아 향 가득
싱그러운 오월의 햇살은
어느덧 초록의 이파리를
가지마다 매달고

내가 누군가에게
딱 한 사람이 되어준다면
그리운 임과 함께
다시 사랑이 찾아들까?

내가 누군가에게
가슴 열어 붉은 심장이면
연분홍 복사꽃같이
봄의 향기 다시 필까?

쉬 시들 것 같지 않은 그리움
꽃이 지면 잎이 돋듯
어둠이 내리면 찬찬히 걸어오는
밀칠 수 없는 임의 그림자.

그리움 34 (비바람)

비 내리는 날에는
가만히 창밖만 응시해도
그리운 사람이 스치고

조용한 안개꽃 같은 당신은
이제 가슴속 한 송이 새빨간
장미로 다시 피었습니다

두근대는 심장으로
마주 잡은 두 손
절대 놓지 않겠다던 약속

소중한 인연으로 다가와
모든 것을 내어준 당신이
무척 보고 싶습니다

먼 산 희뿌연 안개
이제 현실이 밀고 온 비바람이
차디차게 가슴을 적십니다.

그리움 35 (사랑 꽃)

마른 나뭇가지에
불쑥 봄이 날아와 앉듯
설레는 가슴으로 뛰어들어
불치의 사랑 불 지피신 임!

잠시 돌아 다시 반길 줄 알았건만
원치 않은 억지 이별이
영영 이별 되어
기약 없이 떠난 임이여!

짧은 인연 참말로 애석하여
갈망 끝에 홀로 피운 눈물 꽃
꽃처럼 함께한 아름다운 시절
지난날을 회상하면

당신이 저만치 서 있을 때
그곳은 곧 봄이었고
당신이 미소지면
그 자체가 한 송이 꽃이었다

당신과 함께 걷던 그 길은
어느새 추억의 꽃길이 되고

당신과 같이한 순간순간은
아직도 여백을 채우는 그림이 된다.

그리움 36 (내 마음은)

마음의 바다가 네게로 기울 때
못 그리는 그림을 그리고
애잔한 추억의 음악을 듣는다

다시 너와 사랑할 수 있다면
다시 나는 죄를 짓고
다시 한번 용서를 빌 것이다

내가 너를 얼마나 그리워하는지
너는 몰라도 상관없다
마음은 오롯이 나의 것이니.

그리움 37 (그리운 밤)

문득문득
네가 보고 싶어도
잘 있겠지?
잘 있을 거라 믿어

버릇처럼
밤하늘을 올려다보고
하늘 속
별을 헤아리누나

바람에 흐르는 구름같이
비우고 또 비우건만
한결같이 가슴은
아프고 또 그립구나

제법 서늘해진 바람이
아픈 가을을 재촉하고
달빛 강변 빛나는 윤슬에
지그시 두 눈 감을 수밖에.

그리움 38 (동백꽃)

결코 마음 흩날리지 않고
보고파 울고 싶어도
꾹꾹 참았다가
어느 날 송이채 떨구는
나는 한 송이 동백꽃

임 향한 그리움 간절히 담고
애절한 마음 송이송이 피워
남몰래 떨구면서도
티끌만큼도 곁 생각 없는
나는 한 송이 고운 동백꽃

겨울에도 잎새 마냥 푸르르고
온 정성 다해 피우고 지는
한결같이 가슴속 붉은 사랑
임 그리며 피고 지는
나는 한 떨기 동백이로다.

그리움 39 (그 사람)

그 사람으로 인해
황량한 산에 꽃이 피고
지저귀는 새소리도 들렸지요

그 사람으로 인해
거울을 보며 나를 가꾸게 되고
잠을 설치며 기다리게 되었어요

그 사람 하나로 인해
온 세상이 따뜻하고
찬란히 빛나던 때가 있습니다

이제 그 사람을 위해
항상 기도하는 마음으로
재회의 꿈을 꾸며 살겠어요.

그리움 40 (우산을 펼치며)

부디 잊지 마시길 바라오
칠십억분의 일의 인연으로 만나
한낮 가을바람에 단풍이 물들 듯
스며들어 붉게 타올랐던 사랑이
분명 우리에게 있었음을

비록 한때나마 우리는
같은 하늘을 바라보았고
두려움 속에서도 마냥 설레었고
그리워 미칠 만큼 사랑한 사실을
부디 후회하지 마시길 바라오

세상에 태어나 그대를 만난 건
내게 얼마나 큰 행운인지
비 내리는 가을 오후
아직 전하지 못해 간직한
우산과 함께 그대 생각을 펼친다.

그리움 41 (흔들리는 마음)

뜨락에 대롱대롱 달린 모과
작년 해거리를 하더니
올해는 몽실몽실 많이도 달렸다

곧 닥쳐올 태풍에
떨어질까? 버틸 수 있을까?
옥신각신 의견들이 분분하다

거센 비바람 몰아쳐도
흔들리는 가지는
품은 열매를 떨구지 않는 법

그래서일까?
아직도 나는
흔들리는 마음인가 보다.

그리움 42 (기억을 걷는 시간)

은행나무 숲길 같이한 추억에
주르르 타고 흐르는 그리움

은혜롭게 따사로운 그대 기억이
주마등같이 스쳐 가는 가을

임을 위해 가슴에 새긴 다짐은
은빛 노을 눈부신 가을 끝자락
주홍빛 단풍같이 여울지렵니다.

그리움 43 (오솔길 벤치)

돌고 돌아
다시금
그 오솔길을 걷고
그 벤치에 앉아

첫 포옹의 감미로움
연민의 아픈 사연
고독과 방황의 미련까지
싸늘한 바람이 감싸 안을 때

자석에 끌리듯
어느새 내 발길은
이 벤치를 찾고
이 길을 서성이니

비록 짧았지만
시리도록 각인된 추억이
고스란히 이곳에
남아있기 때문이리라.

그리움 44 (단풍처럼)

모양도 색깔도 제각기 다른
수없는 사연들이 물드는 계절
찬란히 아름다운 어느 가을날
예쁘게 당신은 나에게 오소서

길고도 긴 여정 이제 끝내고
곱게 물든 단풍 한 잎
살포시 가을빛 창공을 날아오듯
가벼운 걸음으로 내게 오소서

곱단한 입맞춤 인사와 함께
뜨거운 가슴으로 그대를 반기며
만추에 멍든 지난 세월을 보듬고
반짝이며 하얗게 겨울을 맞겠소.

그리움 45 (11월은)

노랗게 물든 은행잎이
상처 난 추억의 발자국 따라
소복소복 쌓이는 계절

마른 꽃잎과 잎새의 해후는
그리워 내뱉는 입김 따라
가을 찻잔에 고스란히 담겼고

잠시 머물다간 사랑의 흔적들은
차마 거두지도 못하고
노을빛에 여전히 새겨 두었건만

오늘처럼 땅거미 지는 그날
두 사람의 뛰는 가슴속에
남몰래 숨겨 놓은 비밀 하나

11월은
가슴 뛰던 설렘과 이별이 공존하며
비워도 비운 만큼 채워지는 아픈 달.

그리움 46 (겨울꽃)

된서리 맞으며
말없이 홀로이 서서
바람에 흔들리며 핀 꽃

거친 광야에서
외로워하면서도
꼭 피어야 할 꽃이기에
삶이 되어 핀 꽃

가슴앓이 기억에도
원망스러운 마음보다
추억이 애처로워 핀 꽃

남루한 겨울 꽃잎은
투정 부릴 여유도 없이
눈 속에 파묻힌 채
애타게 봄을 기다리건만

향기 없는 겨울꽃처럼
차갑게 떠난 그대는
그저 스쳐 지난 바람이었나.

그리움 47 (기다림의 계절)

소슬바람에 흔들리며
가녀린 몸매 위태로워 보일 때
내 두 팔을 벌려
바람막이가 되고자 했지만

흔들리며 매달린 잎새
차마, 꺾을 수가 없어
그저, 바라만 보았을 뿐
끝내 무엇도 할 수가 없더라

싸늘히 식은 햇살과 함께
떠나버린 그림자가
찬찬히 가슴에 녹아들 때
옷소매 파고든 침묵의 외침

그 후로도 꽃잎은 피고 지고
풋풋한 풀 향 휘날리고 나면
또다시 눈부신 목마름의 계절
나는 목 놓아 또 너를 기다릴 테야.

그리움 48 (그리하리라)

이제 가만히 닫고만 살리라
가슴 열어 다시 꺼내지 않으리라

그리움 밀려와도 서러워 울지 않고
가슴에 꼭꼭 묻고 또 묻으리라

보고파도 참고 또 참으며
손꼽아 기다리지 않으리라

고독한 밤에도 외로움 떨치고
그리움은 고이 접어 재우리라

이제는 그만 보내주리라
아파도 이제 그리하리라.

그리움 49 (회한)

기다림과 체념, 다시 그리움
세월이 흘러도 옅어지지 않으니
짧아진 햇살만큼 길어진 그림자는
나를 맨날 따르고 또 따른다

그때 그 설렘을 묻는다면
다시는 오지 못할 마음이며
새롭게 뛰지 못할 심장이며
가슴에 묻고 사는 아픔이다

경험 없는 서툰 사랑은
처음으로 못난 사랑 되었고
지키지 못한 그대와의 이별은
평생 가슴에 품은 회한이다.

그리움 50 (지독한 사랑)

함께한 시간
비록 짧았지만
세상에서 가장 큰 사랑
송두리째 내게 준 당신

내게도 전부였던 그 사랑
남긴 기억과 추억들은
세월이 강물처럼 흘러도
결코 무뎌지는 것이 아님을

소리 없는 여린 바람에도
그리움에 흐느껴 울었고
스치듯 지나는 비는
상처에 닿아 아린다

짠하게 가슴 저민 추억
이토록 지독한 사랑이
마침표를 찍게 되는 날은
더는 당신이 내게 없기를.

그리움 51 (바람이 전하는 말)

민들레 홀씨가 사뿐 내려앉듯
바람이 전해주려나?
너도 나와 같은 마음으로
살았노라고

억겁의 세월이 흘러도
변치 않을 간절한 내 심정은
시공 넘어 언젠가 너에게
바람이 전해주려나?

너 떠난 빈자리보다
나를 더 아프게 하는 건
아직도 아름답게 간직되는
너와의 추억일지니

그동안 너에게
좋은 날이 많이 있었나요?
어쩌면 네 고운 볼을 스친 바람에
눈감고 가만히 귀 기울여 본다.

그리움 52 (천년고찰)

가을비 맞으며 생각에 잠긴 나무
발그레 물든 잎사귀 한 잎 떨구며
가을은 또 이렇게 깊어간다

숙명처럼 우두커니 우산 받쳐 들고
추억에 기대 가만히 눈 감으면
옷깃 가득 흥건히 가을이 물들고

그리움이 아무리 그대를 향해 있어도
채워지지 못하고 공허해져 가는 이유는
아직 한 번도 그대를 볼 수 없음이리라

그리워하며 기다린 시간보다
더 많은 세월이 흐른다 해도
죽도록 그리워하면 다시 볼 수 있을까?

고즈넉한 천년고찰은 변함이 없고
애달픈 붉은 그리움도 그대로인데
한 발 걸을 때마다 아리고 시린 가슴

늦은 가을 함께 거닐던 천년고찰
그대는 만져볼 수 없는 모습으로
그때 그 모습 그대로 아직도 서 있다.

그리움 53 (단풍이 물들 때면)

한 잎 또 한 잎
그리움 가득 담았다가
영롱한 가을 햇살에
제각기 고운 빛깔로 물든 단풍

연록의 순 몽글몽글
피어오르던 봄의 기적과
짙푸른 신록의 계절을 넘어
해마다 거듭해 수놓는 단풍

비록 향기는 품지 않았어도
설렘에 상기된 님의 볼같이
발그레 고운 미소 짓는
꽃보다 아름다운 단풍

만남을 목적으로 하지 않아도
매해 단풍이 붉게 물들 때면
만추에 눈부신 그리움과
내 마음도 함께 물들어간다.

그리움 54 (감성과 이성)

이별의 그림자가 드리워지며
나의 말투는 여전히 감성적이었고
너의 문법은 지극히 이성적이었다

감성이 마음 가는 길이라면
이성은 사람이 가는 길
어쩌면 영원히 같이할 수 없는 길

그즈음
이성적인 너는 머리를 아파했고
감성적인 나는 가슴이 저려왔다

마음이 가는 길과
사람이 가는 길이
왜 이리도 다른 것일까?

우리는 선택을 해야만 했고
사람이 가는 길로 네가 떠난 후
마음이 가는 길에 나는 머문다.

그리움 55 (그 찻집에서)

누가 보았을 때
쉽게 형태와 색채를 알아차린다면
그것은 진정한 그리움이 아니며

다른 누군가와의 인연으로
지난 상처가 치유된다면
그것 또한 진정한 아픔이 아니리라

가을 들녘이 훤히 내려다뵈는
그 옛날 그 찻집에 앉아
가만히 창밖을 응시하노니

변한 것은 거울에 비친 내 모습과
리모델링으로 새롭게 단장된 찻집일 뿐
고스란히 남은 가을풍경과 설레는 마음

이제 이별에 쌓인 나이만큼 성숙해서
창문으로 쏟아지는 햇살만큼 눈부시게
그대는 찬란하게 다시 나에게 오소서

해가 기울고 숱한 계절이 바뀌어도
국화차 향이 그윽한 그 찻집에서
한결같은 마음으로 그대를 기다릴 테니.

그리움 56 (그대 1)

거울 속 주름진 얼굴과
염색해야 까매지는 머릿결
변한 것은 나의 모습뿐
기억 속 그대는 변함이 없고

오랜 세월의 침묵에도
늘 그 자리에 멈춘 듯
그대라는 존재는
나이를 먹지 않나 봅니다

죽을 것 같았던 시간은
그런대로 살아지고
꽃처럼 아름다운 지난 추억
心中에 곱게 새겨 두었다가

덧없는 세월
불쑥불쑥 지난날이 그리울 때
마음속 소중히 간직한 그대를
틈틈이 꺼내어 본다.

그리움 57 (그대 2)

설레는 모든 순간순간
언제나 그대가 있고

그립고 애달픈 마음속
그대가 항상 자리하듯

외롭고 긴 기다림 끝에도
그대가 있으면 참 좋겠다.

그리움 58 (봄)

봄이 가져다준 바람에
얼굴을 씻고
꽃잎에 입맞춤하며
괜찮은 척, 행복한 척

겨우내
너를 향한 생각들은
봄 햇살 아래 오롯이
꽃잎 되어 다시 피고

그립다
말을 할까?
하면 그리워
그저 미소만 짓네

세월이 유유히 흘러
정신을 차리고 보면
이 세상 가장 멋진 곳에서
너와 마주하길 바라며

온 세상 망울망울
그리움 가득 품고서

새봄이 오나 봅니다
다시 봄이 오나 봅니다.

그리움 59 (그대가 머문 곳)

개울 징검다리를 건너
쪽문으로 들어서면
그대가 머문 곳

베란다 창엔 언제나
옅은 커튼이 드리워져
쓸쓸함이 느껴진 그곳

집주인이 바뀌고부터
층을 세는 버릇은
그만두게 되었지만

바다가 하늘을 담아 푸르듯
멍울멍울 그대 품은 가슴엔
애틋한 그리움이 너울지고

아직 전하지 못한 말이 많은데
작별 인사도 나누지 못하고
세월의 상처만 겹겹이 쌓였구나

애석하고 애틋한 우리 인연
그대가 머문 곳이 어디라도
나는 절룩임의 길을 걷노라.

그리움 60 (고별의 밤)

지난날 내가 너에게 걸어간 길은
유난히 반짝이는 별을 따른 길이며
반짝반짝 총총히 내게 다가온 별은
아직 내 가슴속 꺼지지 않는 빛이니

별이 아름답게 빛나기 위해서는
밤하늘이라는 어둠이 필요하듯
내 초라한 마음을 환하게 밝혀주신
한없이 고맙고 소중한 빛 그대여!

내 인생에서 가장 밝게 빛난 별
그 그리운 별을 찾아 밤새 걷지만
깜깜한 어둠에 걸려 수없이 넘어질 뿐
먹구름에 가려 어디에도 찾을 수 없네

그대라는 이름의 별
죽도록 사랑한 별은 이별이 되고
미치도록 그리운 별은 작별이 되어
심장을 도려내는 고별의 밤이 된다.

그리움 61 (기적)

가까이 다가서면
혹여나 멀어질까
오랜 기다림으로
바라만 보았네

그저 보고만 있어도
한없이 눈이 부시고
행여 스쳐 지날 때면
고운 향기를 전해준 사람

어느 날
나비가 날아오듯
그대는 내게 다가와
기적처럼 운명이 되었지

오랜 기다림 끝에
내가 좋아하는 사람이
나를 좋아하게 되는 것은
실로 경이로운 기적이다.

그리움 62 (인연)

추억의 빛을 따르면
그리움이 날 손짓하고
그리움과 함께 걷다 보면
어느새 그대 앞에
서게 되는 나의 발걸음

인연이라는 것이
우연히 오는 듯 해도
꼭 만나야 할 두 사람이
그 시절 그 시간에 맞게
찾아와 주는 것이리라

그 시절 그대와의 인연을
다시 끌어안을 수만 있다면
기나긴 어둠의 터널을 뚫고
반대편 빛의 품으로
다시 다다를 수 있을까?

그리움 63 (비)

매일매일 생각하고
또 생각하지만
오늘처럼 비 내리는 날엔
더욱 간절해지는 한 사람

비 내리는 골목길
가로등 불빛에 젖은
구부정한 그림자를
우두커니 바라보노라니

내리는 비에 젖은 옷은
말리면 그만이지만
쏟아지는 그리움에
젖은 마음은 어떡할까?

빗물과 함께 흐르는 눈물
그나마 비라도 내리니
애써 감출 필요가 없어
참말로 다행이다.

그리움 64 (호접란)

아무리 코를 처박고 맡아도
향기 없이 핀 호접란
차갑게 떠난 나의 님 같구려

근 백일을 피운 호접란 꽃잎이
그때 그대와의 억지 이별같이
한 잎 또 한 잎 떨어지누나

지난 우리 짧은 연민의 사랑도
깊은 가을 호접란을 쏙 빼닮아
백일여만 가엽게 피우고 떠났지만

호접란 꽃잎 지듯 떠난 사랑
세월 속 잊으리라는 다짐은
짙붉은 그리움 되어 다시 피고

가을과 겨울이 맞닿은 계절
옷깃 여미는 찬 바람에
총총히 떠나버린 임이시여!

그대와 한 번도 맞지 못한 봄을 위해
새봄엔 새 꽃대를 내밀 것 같아
양지바른 창가 호접란 화분을 놓아둔다.

그리움 65 (지난 발자국)

지난날을 되짚어
걸어온 발자국 따르면
그대는 꽃으로 환히
다시 내게 피어나고

숨죽인 나의 아우성을
그대는 알지 못할 테지만
그대 향한 나의 마음은
잔물결에 빛나는 윤슬

아픈 마음 산이 되고
그리운 마음 강을 이루니
중요한 것은
꺾어도 꺾이지 않는 마음

폭풍우 몰아쳐도
그대 결코 잠겨 버리지 마소서
조심스레 지난 발자국 따라
내가 그대를 알아볼 것이니.

그리움 66 (나의 그리움)

머물지 못하고
떠나지도 않는
걸어온 지난날의 기억

내면에서 깨어나는
아쉬움의 순간

표정이 가려진 채
홀로 걷는 그림자

꿈속인 듯
언제나 현실인
그 이름만 남았다

그대 향한 나의 그리움.

그리움 67 (어찌하여)

꿈같이 화려한 시절 뒤에
민낯으로 일그러져
부끄러운 이별이 되어버린 사람

아픔은 달게 감내하고
애석함도 속으로 삭이며
아름다운 이별이면 좋았을걸

마음의 본질은 지금과 똑같은데
어찌하여
어찌하여 그때는 그리하였을까?

죽을 만큼의 고통 속에서도
물이 넘치지 않을 만큼
자중하고 또 자중해야 했거늘

내가 네가 될 수 없는데
너를 나라고 생각했던
지난날의 뼈저린 뉘우침

세월에 더욱 일렁이는 물결 되어
가슴에 커다란 구멍을 남긴 이별
어찌하여 그때는 그리하였을까?

그리움 68 (애달픈 마음)

깊어가는 여름밤
오랜 침묵과 기다림 끝에
필연이 우연처럼 찾아든 사랑

밤낮 따로 없이 시시때때로
그 사람의 안부가 궁금해지면
무척이나 그리운 사람일지니

그날 맞닿은 화려함도 잠시
바람의 속도로 달린 세월
상처로 얼룩진 영혼만 남고

그리운 마음 말하지 못하니
이제 차고 넘쳐흘러
가슴이 녹아내릴 지경이다.

그리움 69 (십 년이 지나도)

한낮 더위 가시고 땅거미 내릴 무렵
요동치는 가슴 멈출 수 없었던 것은

너였기 때문이다

눈치 없는 세월 그리움만 더 짙고
십 년이 지나도 잊을 수 없는 것은

너이기 때문이다

비우면 비운 만큼 봄기운 가득하니
가슴 벅차게 다시 움트는 설렘

이 설렘이 너였으면 참 좋으련만.

그리움 70 (고백)

찻잔 속에 어린 너의 얼굴
사라질까 살며시 내려놓고

파도처럼 밀려오는 네 생각에
창문을 활짝 열면
지난 추억들이 밀고 들어와
빈 공간을 둥둥 떠다닌다

국화차 향에 취하고
너의 향에 젖어든
아름다운 그 시절
너의 눈빛에 빠진 나는

인생에서 가장 멋진 너에게
딱 한 번 한눈판 적이 있다.

그리움 71 (가을 들녘에서)

갈대는 바람에 서걱서걱
가을빛 깊어가는데
내 마음 어디에 가 닿을까?

하늘에 구름 바람 따라 흐르고
나뭇잎 변신을 꿈꿀 때
내 상념은 어디에서 멈출까?

화려한 가을 물든 사랑은
가슴에 커다란 구멍을 남겨
아직 휑하니 바람만 드나들고

그리운 마음만큼 핀 들국화
그 진한 향기처럼
아직 그대 향에 취해 있는데

한 계절 머물다 떠난 그대
다시 한번 내게 오신다면
가슴 비워 온몸으로 맞겠소.

그리움 72 (은행나무 숲길)

높은 가을하늘이
새파랗게 변해가면
더욱 샛노랗게
물들어가는
은행나무 숲길

노오란 은행잎이
눈처럼 흩날리면
얼른 눈을 감아
내 안에 그대를 불러
손잡고 함께 걷고

곱게 물든
은행나무 숲
추억의 그 길에서
내 빈 주머니에
한 움큼 그리움을 담는다.

그리움 73 (함박눈)

꽃잎 날리듯 흩날린 상념은
밤새 펑펑 우는 함박눈 되어
그대 그리움으로 쌓이고

두텁게 쌓인 눈 속에 갇혀
꼼짝없이 움직이지 못해도
그대 생각에 묻히고 싶은 날

온 세상을 지워버린 눈처럼
내 마음도 새롭게 지우고
한없이 그대 다시 그리고 싶다.

그리움 74 (그리움의 무게)

추위를 이겨낸 고통으로
꽃들이 저토록 아름답듯

그리움도 오래 잘 가꾸면
그대는 내 가슴에서
꽃처럼 다시 필 날도 있으리라

그대 향한 그리움 잠시라도 멈추면
더 무거운 아픔 되어 다가오니

내 안에 품은 그리움
이 짙은 그리움을
잠시도 멈출 수 없음이다

내게 남은 그리움의 무게
밀치고 멀리하면 더 다가서 있고
돌아서서 걸어도 언제나 그대 앞이네.

그리움 75 (아카시아)

목마른 숱한 밤을 지나
외로움이 끝나는 만남
그 떨리는 만남은
갑자기 눈 밝아진 세상처럼
향기로운 아카시아꽃으로
가슴에 묻어둔 간절함이
십 년이 지나 꽃을 피웠다

이제 또 다른 기다림은
마디마디 주렁주렁 늘어져
바람에 흐느적거리며
송알송알 애절함만 가득 품고
하얗게 속만 태우는 아카시아
기약 없는 간절한 바램은
그 후 십 년이 지나도 소식이 없다.

그리움 76 (장미)

초여름
걷는 길 따라 늘어선 장미 넝쿨
누가 임의 얼굴 펼쳐 놓았을까?

송이송이
짙붉게 미소 짓는
그립고 그리운 임의 얼굴

나는
당신의 향기를 맡기 위해
장미에 코를 가져다 대고

장미는
나의 그리움을 느끼겠다며
내 가슴에 귀를 기울인다.

그리움 77 (유월의 햇살)

모든 푸르름이 도착해
온 세상 철철 넘치건만
그대는 어디쯤인지

밤새 할퀴고 간 바람은
창문만 열면 사라지니
한 조각도 붙잡지 못하고

바람이 그토록
창에 전하고 싶은 말은
무엇이었을까?

때 이른 더위를 끌어안고
하얀 그리움으로 지새운
유월 아침 햇살만 쨍하다.

그리움 78 (나이가 든다는 것)

차오르는 욕망
비워내지 못하고
한없이 달려온 세월

나이가 든다는 것은
뒤돌아보는 시간도
많아진다는 뜻일지니

붉은 노을 바라보며
덧없는 인생길이
허무하게 느껴질 때

많은 시간을 허비한 후
참회하는 마음으로
수많은 인연에 고하니

그동안 나는 누구에게
상처를 주지는 않았는지
아픔을 주지는 않았는지.

그리움 79 (침묵의 꽃 동백)

외로워도
외롭다 말하지 않고
그리워도
그립다 말하지 않는

침묵으로 피고
침묵으로 지는
한없이 붉은 근심
입 깨문 동백이여!

의연한 자태로
애절한 사랑 감추고
속절없는 세월에도
사시사철 인내하는 꽃

붉은 기다림의 꽃송이
바람이 툭 치고 가면
인고의 심장 도려내듯
파르르 떠는 동백이여!

그리움 80 (영혼의 강)

가을을 앞세우고
다가오는 너의 모습
느낄 수는 있는데
만져볼 수 없구나

오랜 침묵의 강
유유히 흐르고
갈대숲 헤집고
스쳐 치나는 바람

비록 지금은
바람 같은 시간
잡으려 해도
잡을 수 없지만

내 영혼
말 없는 강물과 같이
그대에게로
영원히 흐르고 있네.

그리움 81 (봄비)

언제부터인가
봄이라는 계절이 참 좋다

오는가 하면 가버리는
너무도 짧은 봄이지만

그래서 봄이 너무 애달프고 곱다

온 세상 봄비에 꽃비가 내리는 날
한 많은 세상 아쉬운 미련 남아
가냘픈 생명의 끈 내려놓지 못하시고
초점 잃은 눈빛으로
거친 숨 몰아쉬는 가여운 우리 엄니

이 비가 그치고 봄이 화창이 개면
작은 기쁨에도 해맑은 미소 지으시는
연분홍 치마 우리 엄마 다시 볼 수 있을까?

그리움 82 (어머니)

어머니 안 계신 시골집이 왜 이리도 넓은지
아버지와 둘이 마신 막걸리의 취기로는
쉬이 잠들지 못하는 밤

한 줌 재가 되신 어머니를
땅에도 묻고 내 가슴에도 묻었다

어머니 떠나보내기가 이래 힘들 줄이야
생각하면 할수록 가슴이 저려온다

봄의 시작과 함께 미쳐간 나는
온 세상 꽃이 만발할 땐 더 미쳤고
인제 새삼 고향 산천 돌아보니
꽃잎은 난데없고 잎만 무성하도다.

그리움 83 (재봉틀)

외할머니께서 어머니께 사주셨다는
50년도 더 오래된 앉은뱅이 재봉틀

내 어릴 적
어머니께서 재봉틀을 돌리실 때면
박음질이 잘 넘어가라고
반대편에 앉아 옷감을 잡아당겼던
기억이 아직도 생생하고

지금도 어머니 손만 닿으면
뱅뱅 잘 돌아갈 것만 같은 재봉틀

먼지 뽀얀 재봉틀에 코를 처박고
한참 동안 우리 엄마 향취를 맡다
왈칵 쏟은 눈물

이제 재봉틀 주인은 가슴에만 남았다
아직 향긋한 재봉틀 기름 냄새가
코끝을 스치건만.

그리움 84 (마이산 탑사)

마이산 탑사의 절경

저마다의 사연이 켜켜이 쌓여
높이도 크기도 다른 돌탑들이
억겁의 세월을 지키고 서 있다

그리운 마음 합장에 모아
나지막한 돌탑 위에
내 소원 하나 살며시 얹어본다

저 많은 소원 다음 순서라 해도
그리 애달플 것 없이
소박하고 정갈한 마음으로.

그리움 85 (風磬소리)

작은 암자 풍경소리에
마음의 문이 깜짝 놀란다
生은 무한이 아닐진대
어찌 끝없는 꿈을 꾸었을고

외롭다 힘들다 아우성쳐도
돌아보면 강물 같고
다시 보면 바람 같은
한낱 찰나 인생인 것을

사랑의 줄에 묶인 것이 아프기도 하지만
이 줄 끊으면 죽는 것보다 더 아픈 것을
만약 깊은 사랑이면 침묵으로 성숙해서
고운 향기를 발할 것이다

내 가슴에 당신의 향기를 심고
사랑의 싹을 틔워 가꾼다
이 사랑이 시들면 나도 시들어
딱 당신을 사랑한 만큼만 살고 싶다

작은 암자 풍경소리는
마음의 문을 열어 알려준다

찰나 같은 生에서도
점과 같은 사랑에 감사하며 살라고.

그리움 86 (달빛 아래 가을이)

외로운 마음 감싸듯
가을들녘에 어둠이 내린다

봄과 여름 그리고 다시 가을
수많은 계절의 비명 속에서
그 사람에 대한 추억도
그 사람에 대한 갈망도
그 사람에 대한 미련마저도
내 마음에 남겨두지 않았다
그저 지금 막 드리워진 어둠 속
밀려오는 서글픔에 잠시 흔들릴 뿐

우울한 표정 감추듯
가을들녘에 어둠이 짙어진다

동녘 하늘 달무리의 포근함이
적막함과 함께 나를 감싸면
그 사람에 대한 분노도
그 사람에 대한 용서도
그 사람에 대한 연민마저도
내 마음에 남겨두지 못했다
그저 소리 없이 가을바람 타고 온

현실의 애석함에 갈증을 느낄 뿐

달빛 아래 가을이 날 그렇게 위로했다.

그리움 87 (꽃비)

감미롭게 전해지는 바람과
피부에 닿는 따사로운 햇살

마음의 준비가 채 되기도 전에
내 입술에 와닿던 네 입술처럼

온 누리 꽃비가 내리며
어느덧 성큼 봄이 왔다.

그리움 88 (春情)

산 꽃도 흩어 핀
깊고 깊은 골짜기에
춘정으로 가슴 벅찬
아리따운 봄 처녀

얇아진 치맛자락
미풍에도 날리우고
산나물로 채워지는
바구니 낀 봄 처녀

누가 볼래라
혼자만의 생각으로
부끄러운 듯 띄우는
상큼한 미소

나물 캐는 봄 처녀의
새하얀 가슴속에
넘친다 붉은 사랑이
뛴다 나의 가슴이.

그리움 89 (눈부신 계절)

지금까지
피는 계절만 눈부신 줄 알았는데
이제야
지는 계절의 아름다움을 알게 되었다

내 생에 가장 설레었던 만남
내 생에 가장 행복했던 순간
내 생에 가장 아름다운 추억들이
곱게 물든 선명한 빛으로 내리는 계절

너와 함께할 때
무척 행복했지만
내려놓을 수 있는 지금
더욱 평온할 수 있음을

잔잔하고 평화로운 마음으로
지는 계절을 느낄 수 있음은
다시 피는 계절의 기다림이
아직 내게 남아있기 때문이다

이렇게 마음 가득 너를 담고도
여태껏 내려놓지 못해 힘들었구나

잘 가라
내 찬란하게 눈부신 계절.

그리움 90 (가을사랑)

저물녘 서걱이는 가을 길에
가만히 외로움만 남기고 가버렸다
낙엽 한 잎 슬픈 사연을 담고 날아와
어깨 위 천근만근 무게를 남기고
슬픈 사랑을 닮은 가을이

붙들어 두지 못한 아픈 미련
초겨울 스산한 바람 불며
그리움만 한껏 남긴 채
마른 잎새 또 한 잎 떨어지며
아픈 사연 가을이 떠났다

빈 가슴 찬란히 물들인 저문 가을 길에
불안과 설렘을 함께 보듬고
마주 잡은 두 손이 얼마나 좋았던지
미치도록 서로 사랑했기에
하늘만큼 그리움만 남기고 가을은 떠났다

영글지 못한 가을사랑 떠난 후
내내 가슴 시리도록 겨울비만 뿌렸고
그새 너도 울고 나도 울었다
눈물로 떨어질 꽃이면 피지를 말지
부스러기 낙엽 따라 가을사랑이 저문다.

그리움 91 (상사병)

머리가 아픈 건지 마음이 아픈 건지
마음이 머리인지 머리가 마음인지

보고픈 생각은 결국 병이 되고

마음에 병이 있어 머리가 아픈 건지
머리에 병이 있어 마음이 아픈 건지

그리운 마음은 결국 병이 되어 앓아눕는다.

그리움 92 (찻집)

북적이는 도심을 비켜난
한적하게 잘 꾸며진 아늑한 찻집

2층에 그녀와 마주 앉아
풋풋한 여름 향기도
금빛 익어가는 가을 들녘도 보았다

해맑은 그녀의 동공 호수 바라보며
문득 사랑을 느끼고
옅은 미소에 연민의 정도 느꼈다

바람처럼 스쳐 지났을 뿐인데
얼마나 더 아파해야
이별 슬픔 지울 수 있을까?

몹쓸 사람
잊고자 하면 못 잊을 리 없지만
이별 후에도 변하지 않는 사랑

추억이 깃든 찻집
금빛 그리고 노을
차마 아파 그 길로는 갈 수가 없다.

그리움 93 (회상)

아름다워라 푸른 날
그 길로 돌아가면 봄이 온다

고마워라 내 사랑
그 길을 들어서면 가을이 내린다

힘든 고개 넘어 여름빛 상기된 설렘에
백세주 향기 아직도 그윽한데

눈 내리는 겨울 그리움 짙게 쌓이고
비 오는 날 세월은 추억되어 흐른다.

그리움 94 (내 품에 가을을)

가을이 대문 앞까지 와서는
막 문을 두드립니다
창문만 열어도 가을이 쏟아져 들어옵니다

불탔던 여름
견디기 힘들었던 열기와 목마름도
골짝 넘은 산들바람에 길을 내주고 맙니다

기다리면 이리 오는 것이 가을이면
기다리면 저리 가는 것도 여름입니다

후정을 한 바퀴 휘돌아
나뭇잎을 흔들고 나에게 입맞춤합니다
가을바람이 가을을 맞으라고

참고 버티며
결국 이겨냈기에
가을빛은 이처럼 곱고 아름답습니다

소중한 것은 참고 기다려야 한다는 것을
참고 기다렸기에 더 소중하다는 것을
살다 보니 새롭게 깨우치게 됩니다

기다리면 저리 가는 것을
기다리면 이리 오는 것을
두 팔을 벌려 내 품에 가을을.

그리움 95 (바다와 산)

바다를 보며 산을 생각한다
바다는 변함없는 모습이 좋고
산은 계절 따라 달리하는 풍경이 곱다

누군가 말했다
바다는 너무 슬프고 무섭다고
그래서 숲이 있는 산이 더 좋다고

그래서일까?
바다를 보며
자꾸 산이 그리워지는 이유가

난 바다와 늘 같이하며 산을 그리워한다.

그리움 96 (그날은)

해질녘 가을빛 찬란한 그날
무엇이 그리도 좋았는지
아이처럼 서로를 의지하며
사랑에 눈이 먼
그날이 선명해지는 계절

보이지 않는 마음의 병으로 남았지만
그날을 기억하는 것은
다짐한 약속을 지키는 길이기에
이렇듯 그리워 아파하면서도
내가 살아가는 하나의 이유가 된다

그날은.

그리움 97 (봄의 길목)

하늘에는
안개가
서서히 걷히며
푸르러지고

산은
울긋불긋
조금씩 조금씩
물들어가고

오르막길을 막 돌아
숨찬 아련한 그리움이
아지랑이처럼 피어나는 계절
이렇게 또 봄은 오는가 보다.

그리움 98 (오월의 햇살)

아카시아 푸른 내음이 코끝 간질이는
우울한 공휴일 오후
무성한 오월의 산천은
푸르디 푸르르 나부끼며 울음 울고

그대 생각에 못내 슬픔을 머금은
나의 작은 가슴 한구석에도
한 방울 두 방울
그리움에 사무친 눈물이 흐른다

가까이도 멀지도 못한
채워지지 않는 서로의 공간은
버들잎 사이 스치는 바람같이
야속하게 적막이 흘렀을 뿐

그대 향한 나의 마음
이젠 가슴 쓰라린 그리움 떨치고
짙어가는 계절같이 푸르르고
오월의 햇살같이 따사로우면 좋겠다.

그리움 99 (삶의 무게)

나더러 떠나라 합니다
저들이 시퍼런 칼에 날을 번뜩 세우고
죽일 듯 달라붙어 애원하듯 떠나라 합니다

아직 날은 어둡고 찬 바람이 붑니다
저들은 또 눈꼽만 한 관용으로
기대하지 못할 여정 속 바람 되라 합니다

이제
나의 비길 데 없이 억눌린 가슴은
스쳐 가는 바람을 원망할 따름입니다

아!
설움의 날입니다
살음의 힘겨움을 느끼는 지금.

.

그리움 100 (춘몽)

비가 내린다
봄비가

까치 무리는
축축이 젖은 깃털로
사람이 가까워지자
가까스로 날아오른다

앞산의 골골마다
자옥이 안개가 깔리고

무엇을 위함일까?
어떤 기다림일까?

찔레나무 늘인 가지마다
파릇파릇 움은 돋아나는데

바라보는 시선마다
신비의 대상
아마도 꿈인가 보다.

그리움 101 (깊은 언약)

긴 겨울이라
밤은 길구요

추운 밤이라
잠도 없구려

깊은 밤 말도 없이
떠난 내 님은

추운 밤 지금에는
무얼 하는고

떠날 때 말도 없이
가신 이유는

눈물겹도록 그리울 때
다시 만나서

하얗게 밤 지새잔
약속이지요.

그리움 102 (밤의 고독)

자정을 넘기는 시각에

홀연히 불어오는 바람은

사무치게 그리운 마음을

허공에 날리우는 고독이었다.

그리움 103 (추락)

갈등 속 떠밀린 사람처럼
마냥 달려온 세월에
마지막 비명소리
추락이었다

걷잡을 수 없이 추락하는 모습에
운명 따윈 생각할 겨를도 없이
빈 공간을 홀로 채우는
시련이었다

마지막으로 불러본다
사랑하는 사람을
다시 한번 외쳐본다
사랑했던 사람을

미련 두지 말자
추락하는 찰나
내 영혼을 활활 태워
한 줌 재로 변하리

내 마음 송두리째 뽑아
시퍼런 저 바다에 던져버리고

이제 애타게 불러봐도
진정 그대는 없다

착각은 자유, 바람이었다.

그리움 104 (가는 세월)

계절이 참으로 빠릅니다
봄이 오는가 하면 여름 오고
여름이 스쳐 지나면
어느새 가을이 갑니다

가을이 갑니다
울면서 갑니다
남긴 잎새 남긴 열정이 서글퍼
목 놓고 울면서 갑니다

가을이 가면
가을 따라 그 사람도 따라갑니다.
잃어버린 사랑을 찾아 헤맨 거리엔
온통 그리운 흔적뿐입니다

끝내 뒷모습을 보이기 싫어하던 사람은
어떤 가을 햇살 무지개를 타고 날아
가을 따라 사랑이 갑니다

어찌할 줄 모르고 서 있는 나 닮은 사람은
눈물도 흘릴 줄 모르는 바보입니다

가을이 갑니다
가을 따라 사랑이 갑니다
나 닮은 사람은 가는 세월을 보듬고
그리워 미칠 날을 손꼽고 기다립니다.

그리움 105 (별)

헤다가
헤다가 지쳐 멍하니 쳐다만 본다

휑하니 부는 갈바람에
우수수 별빛 흩날리고

나는 너를 잊지 않으리라
나는 너를 잊지 못하리라

이별을 이별한 지 오래되므로.

그리움 106 (산 1)

세상을 내려다보는
여유로움으로 너 여기 섰구나
꿈꾸지 못해 버린 눈물 감추듯
힘없는 발길로 나 여기 섰다

안개가 몰려오지만
너의 높은 기상에 기죽어
허리 채만 맴돌다 간다

사랑을 한다는 것은
어쩔 수 없이 좋아한다는 것일까?

부단히 안개는 피어오르고
온갖 형상의 음모로 널 죽여 갔어도
넌 여전히 바다를 훔치려 하고 있구나

언젠가 나 너의 곁에 다시 오마
사랑에 지친 모습일 때는
따스한 너의 품에 안겨
고이 잠들고 싶다.

그리움 107 (산 2)

푸른 기상은
끓는 청춘만큼 위대하고
굽이치는 계곡은
애타는 사랑만큼 깊고 깊은 산이여

초가을 世人의 안일한 따스함은
능선 넘은 여린 미풍에 얼어버리고
비만한 몸뚱어리는
가파른 고갯마루에서 시들어 버리는데

나의 바람은 한 가지 있다
정복이라 입 담지 못할 정상을 향해
한발 한발 딛고 설 때마다
시리고 저린 마음 버리겠노라는

이슬기 머금은 단풍 숲이나
발끝에 와닿는 돌덩이 하나라도
산의 생기는 찌든 마음 앗아가고
새로운 희망의 정기를 받는다

정상에서 지친 심신 풀어 헤치고
동녘 시뻘겋게 떠오르는 태양은

고독을 극복한 우리네 입가에
황홀한 감탄이 함께하는 아침

아! 산은 우리를 부른다
끓일 듯 낮은 음률 질긴 소리는
천년만년 맥을 넘어
지금도 애절히 우리를 부른다

아! 위대하고 거룩한 산이여!

그리움 108 (기다림)

마음 밭에 우연히
설렘이란 씨앗이 날아왔죠

긴 기다림의 인고를 거름 삼아
설렘의 씨앗은
싹을 틔워 무럭무럭 자라
사랑의 꽃을 피웠지요

하지만 어느 가을 끝자락
우리가 키운 사랑의 꽃은
씨앗을 채 영글기도 전에
깡그리 시들어버렸습니다

아직 아물지 못한 사랑의 씨앗은
봄이 되면 다시 싹틀 수 있을까요?

내 삶의 마지막 사랑은
오랜 기다림 끝에
바람같이 왔다가
바람처럼 사라져 버렸지만

현실이라는 벽 앞에서
희생하는 진실과

다시 인고의 시간이 지나고 나면
더욱 짙게 필 꽃이라 믿습니다.